Edition Schott

Viola Library · Viola-Bibliothek

Paul Hindemith
1895 – 1963

Sonate

für Bratsche allein / for Solo Viola
(1937)

Nach dem Notentext der Hindemith-Gesamtausgabe
On the basis of the Hindemith Complete Edition

herausgegeben von / edited by
Hermann Danuser

ED 8279
ISMN 979-0-001-08441-3

www.schott-music.com

Mainz · London · Berlin · Madrid · New York · Paris · Prague · Tokyo · Toronto
© 1992 SCHOTT MUSIC GmbH & Co. KG, Mainz · Printed in Germany

Vorwort

Seine vierte und letzte Bratschensolosonate komponierte Hindemith im April 1937, als er zum ersten Mal eine Konzerttournee durch die USA absolvierte, die im übrigen sehr erfolgreich war und die mit den in den folgenden Jahren (bis 1940) durchgeführten USA-Reisen den Weg zu seiner schließlichen Emigration bereiten half. Im Rahmen dieser Reise, die ihn vom 25. März bis 3. Mai 1937 von New York aus nach Washington, Boston, Chicago und Buffalo führte, trug er mehrfach sein 1935 komponiertes Bratschenkonzert über altdeutsche Volkslieder *Der Schwanendreher* sowie die Solobratschensonate op. 25 Nr. 1 vor. Es ist nicht bekannt, welche Gründe ihn im einzelnen bewogen haben, auf dieser Reise sein Solobratschenrepertoire durch eine neugeschriebene Sonate zu ergänzen; unzweifelhaft ist jedoch, daß diese neue Sonate nicht die – längst ad acta gelegte – dritte Sonate op. 31 Nr. 4, sondern die zuvor entstandene zweite (op. 25 Nr. 1) ersetzte.

Wenn wir die Informationen zur Entstehungszeit der neuen Sonate aus dem Programm der Uraufführung – *The manuscript was begun in New York City on Sunday, April 18, 1937* – und aus dem Autograph, das am Ende des Werkes mit *Chikago, 21. April 1937* datiert ist, zusammennehmen, dann ergibt sich im ganzen eine Kompositionsdauer von drei Tagen, wobei der Hauptteil des dreisätzigen Werkes auf der Eisenbahnfahrt von New York nach Chicago entstanden sein dürfte. (Die Angabe im Programm der Uraufführung, daß die Komposition der Sonate zwei Tage später [scil. nach ihrem Beginn in New York] beendet worden sei, trifft nicht zu; entweder war sie von Hindemith – im Sinne einer Absichtserklärung – schon im voraus formuliert worden, oder er mochte dem Publikum gegenüber den ungünstigen Eindruck vermeiden, der möglicherweise hätte entstehen können, wenn er wahrheitsgemäß eingeräumt hätte, daß das Datum der Kompositionsvollendung exakt mit dem Termin der Uraufführung zusammenfiel. Die Quellenbewertung im Kritischen Bericht zeigt, daß von einer tatsächlichen „Vollendung" des Werkes zum Zeitpunkt der Uraufführung nur im Hinblick auf Hindemiths Vortrag, nicht aber in Hinsicht auf die gesamte Notation des Werkes, worin eine Bezeichnung der Dynamik u. a. noch fehlte, gesprochen werden kann.) Skizzen und Entwürfe zu diesem Werk haben sich zwar nicht erhalten, doch geht aus einem Passus von Hindemiths Schreiben an seine Frau Gertrud vom 21. April, wo der Komponist neben dem *Fertigmachen* auch das *Herausschreiben* der Sonate erwähnt, hervor, daß er das Werk vorher – wie üblich – skizziert hatte. Außerdem läßt die Anlage des Autographs den Schluß zu, daß die Sätze wohl in der Reihenfolge des abgeschlossenen Werkes entstanden sind. Die Uraufführung durch den Komponisten fand am Mittwoch, den 21. April 1937 in Chicago im Rahmen eines vom dortigen „Arts Club" veranstalteten Konzerts statt, in dem ausschließlich Werke Hindemiths zu Gehör gebracht wurden, außer der Sonate das Streichquartett op. 22 und – nach der Pause – das Bratschenkonzert *Der Schwanendreher* mit Hindemith als Solisten. Die Orchesterleitung lag in den Händen von Hans Lange, Hindemiths einstigem Konzertmeisterkollegen aus Frankfurter Zeiten, der – wie oben erwähnt – seine Soloviolinsonate op. 11 Nr. 6 zur Uraufführung gebracht hatte und den Hindemith hier nach langer Zeit wiedersah, freilich in einem Brief[1] an seine Frau nicht eben vorteilhaft schilderte. Mit Datum 20. April heißt es hier: *Um $^1/_2$ 9 morgens kamen wir an, abgeholt von dem Sekretär des Art-Club, wo ich morgen spielen werde und vom ehemaligen Pultkollegen Hans Lange, der jetzt hier als Vertreter des kranken Stock dirigiert, vielleicht auch ganz diesen Posten bekommt. Von Chikago habe ich nicht viel gesehen ausser dem Seeufer und der daran anschliessenden nächsten Umgebung; ich schreib immerzu Noten ...* Am nächsten Tag (freilich irrtümlicherweise mit demselben Datum des 20. April) schreibt Hindemith: *Heute habe ich die Sonate fertiggemacht und herausgeschrieben. Zum Üben blieb wenig Zeit, ich setzte mich abends vor dem Konzert eine Weile auf die Hosen. Die übliche Reception, diesmal mit Dinner, war ebenfalls vor dem Konzert. [...] Das Konzert war sehr noisy. Zuerst das ganz hübsch gespielte 22-Quartett* [aufgeführt von dem Mischakoff String Quartet], *dann ich mit der neuen Solosonate, die keinerlei sichtbaren Eindruck* *hinterliess und zum Schluss der landesübliche Schwanendreher, der in dem überakustischen viel zu kleinen Raum, bei schonungsloser Handhabung der Blech- und sonstigen Instrumente mehr dem Dreher einer Herde wildgewordener Seelöwen geglichen haben muss.*

Die auf den ersten Blick merkwürdig anmutende Tatsache, daß Hindemith das Autograph, was die Vortragsbezeichnung anbetrifft, nicht ganz zu Ende komponiert und statt dessen die detaillierten persönlichen Spielanweisungen und Vortragsbezeichnungen in eine Fotokopie des Autographs eingetragen hat, kann mit Hilfe des Werkverzeichnisses geklärt werden. Dort vermerkt Hindemith: *Ms. Strunk in Princeton/Photokopie hier.* Offenbar ist das Autograph dem amerikanischen Musikforscher William Oliver Strunk von Hindemith zum Geschenk gemacht worden, aus dessen Besitz es dann in die Bibliothek der Princeton University (New Jersey) gelangte. Hindemith hatte Strunk, der von 1934 bis 1937 als Nachfolger Carl Engels Direktor der Musikabteilung der Library of Congress in Washington war, bei seinem Aufenthalt in Washington wiedergesehen, denn Strunk hatte 1927 – 28 an der Berliner Universität Musikwissenschaft studiert und sich mit ihm und seiner Frau angefreundet. Vor der Rückreise nach Europa verbrachte er dann nochmals zwei Tage mit dem Ehepaar Strunk zusammen, nun in New York, bevor sein Schiff in See stach. Es entzieht sich unserer Kenntnis, wann Hindemith eine Fotokopie der Sonate herstellen ließ, um das Autograph Strunk schenken zu können. Doch ist es wahrscheinlich, daß dies bei diesem kurzen New Yorker Aufenthalt Anfang Mai 1937 geschah. Ob auf seiten Hindemiths, neben den zweifellos echt empfundenen Freundschaftsgefühlen,

bei dieser Schenkung auch schon Gedanken an eine mögliche Hilfe Strunks im Falle der späteren Emigration in die Vereinigten Staaten im Spiel waren, bleibt dahingestellt. Tatsache ist jedenfalls, daß Oliver Strunk, der in jenem Jahr (1937) von Washington an die Princeton University wechselte (vgl. Werkverzeichnis-Eintragung!) und an den Hindemith nach seiner Rückkehr nach Deutschland im Mai 1937 einen Brief von besonderer Wärme schrieb[2], vielen Emigranten aus dem nationalsozialistischen Deutschland geholfen hat, in den USA die im allgemeinen außerordentlich großen Schwierigkeiten beim Finden einer beruflichen Position zu überwinden. Da Hindemiths Aufführungslisten mit dem Jahr 1932 enden, haben wir keine Kenntnis davon, ob und wie oft er seine letzte Sonate in Konzerten vorgetragen hat, bevor er – seit Anfang 1940 – seine Interpretentätigkeit als Bratschist stark reduzierte bzw. beendete. Allzuoft dürfte es nicht gewesen sein. Als wesentlich bleibt dagegen die Tatsache festzuhalten, daß Hindemith diese letzte Solosonate zu einem Zeitpunkt komponierte, als er sich im Gattungsbereich der Kammermusik der umfangreichen Reihe von Sonaten für ein Melodieinstrument und Klavier zugewandt hatte. So ist diese Sonate, die keine Opuszahl mehr erhielt (wie alle Werke Hindemiths von 1930 an), innerhalb des Gattungsbereichs der Solosonaten für ein Streichinstrument das einzige Werk, das in seiner Struktur und Formanlage den stilistischen Gegebenheiten des mittleren Hindemith entspricht.

Hermann Danuser

1) Im Hindemith-Institut, Frankfurt

2) Vgl. Paul Hindemith, Briefe, hrsg. von Dieter Rexroth, Frankfurt 1982, S. 177 f.

Preface

Hindemith composed his Fourth (and last) Sonata for Solo Viola in April 1937 during his first USA concert tour, which was very successful and which, along with the USA tours undertaken in the following years (until 1940), helped to prepare the way for his eventual emigration. In the course of this trip, from 25 March to 3 May 1937, Hindemith travelled from New York to Washington, Boston, Chicago and Buffalo, and gave several performances of his Viola Concerto composed in 1935 on old German folk songs, *Der Schwanendreher*, as well as the Sonata for Solo Viola Op. 25, No. 1. We do not know which reasons in particular prompted Hindemith to add a new sonata to his solo viola repertoire; there is no doubt, however, that this new sonata did not replace the (long-abandoned) Third Sonata Op. 31, No. 4 but the earlier Second Sonata (Op. 25, No. 1).

By comparing details given for the date of the new sonata's composition in the programme note of its first performance – *The manuscript was begun in New York City on Sunday, April 18, 1937* – and on the original manuscript, which is dated *Chicago, 21 April 1937* at the end of the work, it is apparent that the composition was completed within three days and it is probable that the main part of the three-movement work was written on the train journey from New York to Chicago. The information in the programme for the first performance, that the composition of the sonata was completed in two days, is incorrect. This was formulated by Hindemith either in advance, as a statement of intention, or he may have wanted to avoid giving the audience the unfavourable impression – which may have occurred had he given a true allowance for time – that the composition's date of completion coincided exactly with the date of its first performance. The assessment of the source in the critical commentary shows that a real 'completion' of the work at the time of the first performance can only be spoken of in terms of Hindemith's performance, not in terms of the final notation of the work which still lacked dynamic markings, among other things.) There are no surviving sketches and rough copies of this work though in a passage of Hindemith's letter to

his wife Gertrud on 21 April – where the composer mentions besides the 'completing' also the 'writing out' of the sonata – it emerges that he had, as usual, sketched the work beforehand. Moreover, the structure of the original manuscript allows the conclusion that the movements were indeed written in the order of the completed work. The first performance, given by the composer, took place on Wednesday 21 April 1937 in Chicago at a concert organized by the 'Arts Club' in which exclusively works by Hindemith were performed: the Sonata, the String Quartet Op. 22 and – after the interval – the Viola Concerto *Der Schwanendreher* with Hindemith as soloist. The orchestra was led by Hans Lange, Hindemith's former orchestra-leader colleague from his time in Frankfurt, who – as mentioned above – gave the first performance of his Sonata for Solo Violin Op. 11, No. 6 and whom Hindemith, seeing him again after such a long time, portrayed none too favourably in a letter[1] to his wife. Dated 20 April, it reads: *We arrived at half past eight in the morning I was collected by the secretary of the Arts Club where I shall be playing tomorrow, and by my former desk colleague Hans Lange, who is substituting due to Stock being ill, and who will perhaps attain his post. I haven't seen much in Chicago apart from the lakeside and the area immediately surrounding it. I am writing out music all the time …*

On the next day (though with the same date, 20 April, by mistake) Hindemith writes: *Today I finished the sonata and wrote it out. There was little time to practise but I got down to it for a while in the evening before the concert. The usual reception, this time with dinner, was also before the concert … The concert was very noisy. First the Quartet Op. 22, played very nicely [performed by the Mischakoff String Quartet], then me playing the new sonata; which made no apparent impression, and to finish with the customary 'Schwanendreher' [swans' dance] which, in the rather small, over-resonant room, and with brutal use of brass and other instruments, must have sounded rather like the dance of a herd of wild sea-lions.*

The fact that Hindemith had not quite completed the manuscript with regard to performance indications and instead wrote them on to a photocopy appears at first to be rather odd, but this may be explained with the help of the *Werkverzeichnis* (Catalogue of Works). Hindemith noted there: *Ms. Strunk in Princeton/photocopy here.* Obviously Hindemith gave the manuscript to the American musicologist William Oliver Strunk. It was subsequently acquired by the library of Princeton University (New Jersey). Hindemith had seen Strunk – who was the successor to Carl Engels as Director of the music section of the Library of Congress in Washington from 1934–1937 – again during his stay in Washington as Strunk had studied musicology from 1927–1928 at Berlin University, and befriended him and his wife. Before setting off on the return journey to Europe he then spent another two days with the Strunks, now in New York. It is not known when Hindemith had a photocopy of the sonata made in order to be able to give the manuscript to Strunk. It is probable, however, that this was done during this short New York stay at the beginning of May 1937.

It is uncertain whether Hindemith, apart from the undoubtedly sincere feelings of friendship in giving this present, had thoughts of a possibility of help from Strunk in case of future emigration to the United States. It is a fact, however, that Oliver Strunk – who in that year (1937) changed from Washington to Princeton University (cf. catalogue entry) and

to whom Hindemith wrote a letter[2] particular warmth after returning to Germany in May 1937 – helped many emigrants from National Socialist Germany to overcome the great difficulties generally encountered in the USA in finding a professional position. As Hindemith's list of performances ended with the year 1932, we do not know if or how often his last sonata was performed before he greatly reduced or practically ceased his appearances as a viola player at the beginning of 1940. It is significant, however, to remember that Hindemith composed this last solo sonata at a time when he had turned to the field of chamber music, writing the extensive series of sonatas for a melodic instrument and piano. This sonata which has no opus number (in common with all Hindemith's works from the 1930s onwards), is therefore the only solo sonata for a stringed instrument whose structure and form comply with the stylistic elements of Hindemith's middle period.

Hermann Danuser
(translated by Wendy Lampa)

1) In the Hindemith-Institute, Frankfurt
2) See Paul Hindemith, Briefe [letters], edited by Dieter Rexroth, Frankfurt 1982, p. 177

Sonate für Bratsche allein

(1937)

Paul Hindemith
1895 – 1963

I.

Lebhafte Halbe (etwa 112)

© 1992 Schott Music GmbH & Co. KG, Mainz

II.

Langsame Viertel (etwa 50)

*) Zur Ausführung des Pizzikatos braucht der Spieler alle Finger
der rechten Hand und muß deshalb den Bogen niederlegen.

III.

Mäßig schnelle Viertel (etwa 100)

14